THOMAS MADREITER
DIE NACHHALTIGE STADT

WIENER VORLESUNGEN

Band 202

Vortrag
am 18. November 2020

THOMAS MADREITER
MIT CLEMENS HORAK
UND NILS PETERS

DIE NACHHALTIGE STADT

STÄDTE ALS
LABORATORIEN DES WANDELS

PICUS VERLAG WIEN

*Gedruckt mit freundlicher Unterstützung
von Stadt Wien Kultur.*

Copyright © 2021 Picus Verlag Ges.m.b.H., Wien
Alle Rechte vorbehalten
Grafische Gestaltung: Dorothea Löcker, Wien
Druck und Verarbeitung:
Florjančič Tisk d.o.o., Maribor
ISBN 978-3-7117-3022-0

Informationen zu den Wiener Vorlesungen unter
www.wienervorlesungen.at

Informationen über das aktuelle Programm
des Picus Verlags und Veranstaltungen unter
www.picus.at

DIE WIENER VORLESUNGEN

Nur eine aufgeklärte Öffentlichkeit, die freien Zugang zu validen Informationen und aktuellen Wissenschaftskonzepten hat, ist in der Lage, sich differenziert mit den gesellschaftlichen Herausforderungen unserer Zeit auseinanderzusetzen. Mit dem unverwechselbaren Wissenschaftsformat Wiener Vorlesungen leistet die Stadtregierung nun bereits seit mehr als drei Jahrzehnten einen wertvollen demokratiepolitischen Beitrag. Offen für alle, niederschwellig und zugleich hochkarätig werden hier die neuesten Erkenntnisse, Ideen und Fragestellungen aus Wissenschaft und Forschung präsentiert und diskutiert.

Als Forschungsstandort und Universitätsstadt hat die Stadt Wien eine Spitzenposition im mitteleuropäischen Raum inne und sieht es auch in ihrer Verantwortung, Impulsgeberin für aktuelle und zukunftsrelevante Auseinandersetzungen zu sein. So beziehen die Wiener Vorlesungen die Öffentlichkeit in den wissenschafts- und technologiepolitischen Diskurs mit ein und verhandeln Themen, die für die Stadt und ihre Bewohnerinnen und Bewohner besonders relevant sind.

Neu in der langen Geschichte ist das Format Wiener Vorlesungen online – geschuldet natürlich den mit der Covid-19-Pandemie einhergehenden Einschränkungen. Doch aus der Not wurde hier eine Tugend: Mittlerweile sind alle Veranstaltungen jederzeit nachträglich abrufbar und es kann somit auch zeitversetzt an der Diskussion aktuellster Fragestellungen partizipiert werden. Denn gerade in der Krise wurde sichtbar, welche Bedeutung vertrauenswürdige Konzepte der Wissensvermittlung während des Überangebots an Meldungen haben, das allzu oft von Halbwissen, Unwissen und Falschwissen geprägt ist. Das zeitgemäße Veranstaltungsformat trägt dazu bei, Dimensionen abzuschätzen, Fragen zu bewerten und schlussendlich Entscheidungen für das eigene Handeln zu treffen. Eine fundierte Informationsbereitstellung und der öffentliche Diskurs über die Voraussetzungen und Folgen von Forschung ist gerade heute von zentraler Bedeutung.

Besonders wichtig in diesem Zusammenhang ist die breite Diskussion des Nicht- beziehungsweise Noch-nicht-Wissens geworden, das gute Wissenschaft auszeichnet und zu ihrem Selbstverständnis zählt. Mit dieser Ungewissheit des Nicht-Wissens bewusst umzugehen und diese mit der Gesellschaft zu teilen, ist ein weiteres wichtiges Anliegen der Wiener Vorlesungen.

An unterschiedlichen Schauplätzen – denn auch bei ausschließlichen Online-Vorlesungen sollen verschiedene Orte der Stadt zu Stätten der Bildung werden – lädt das Dialogforum prominente Denkerinnen und Denker, den Nachwuchs der Wissenschaft und insbesondere Wissenschaftlerinnen ein, ihre Erkenntnisse und Einsichten über Fachgrenzen und Generationen hinweg mit der Bevölkerung zu teilen.

Um von den Wiener Vorlesungen zu profitieren, ist kein Studium nötig! Das ideale Publikum zeichnet sich durch große Wachheit und unbändige Neugier auf das Unbekannte und brennende gesellschaftliche Fragen aus. Bei kontrovers zu diskutierenden Themen ist dies umso entscheidender. Wenn hier individuelle Echokammern aufgebrochen werden, die ansonsten zu einer Engführung der Wahrnehmung führen können, hat das niederschwellige Wissenschaftsformat sein Ziel erreicht und den demokratiepolitischen Auftrag aufs Beste erfüllt.

In diesem Sinne freue ich mich, dass die Wiener Vorlesungen mit dieser Publikation nun auch schriftlich vorliegen und einen noch weiteren Adressat*innenkreis erreichen.

Veronica Kaup-Hasler
Stadträtin für Kultur und Wissenschaft

DIE NACHHALTIGE STADT

STÄDTE ALS LABORATORIEN DES WANDELS

VON WELCHER STADT SPRECHEN WIR?

Über kaum etwas lässt sich so angeregt diskutieren wie über Fragen nach der Zukunft. Was wird sie bringen? Wie können wir sie nach unseren Vorstellungen gestalten? Der Blick in die Zukunft hat Menschen seit jeher beschäftigt. Dabei lässt sich zumeist feststellen, dass die Bilder, die von der Zukunft gezeichnet werden, durchwegs bestimmt sind von den Herausforderungen der jeweiligen Gegenwart. So sind auch unsere Zukunftsperspektiven, wenn wir heute Fragen zur nachhaltigen Stadt aufwerfen, geprägt von den Bildern unserer Gegenwart. Entsprechend müssen wir für einen Blick auf die Lebensräume der Zukunft in einem ersten Schritt unsere gegenwärtigen Vorstellungen von Stadt hinterfragen. Welches Bild von Stadt tragen wir in unseren Köpfen?

»Stadt« setzt sowohl positive wie negative Bilder frei. Teilweise ist die Diskussion um Städte getragen von Mythen, Gerüchten und anderen falschen Vorstellungen. Dies erschwert eine sachliche Diskussion über eine vorteilhafte Entwicklung, wie auch bei anderen vorurteilbehafteten Themen. Mitunter werden diese Vorstellungen von den Stadtbewohner*innen selbst reproduziert.

Immer noch hält sich das Vorurteil, Stadt sei der Ort der Probleme, mitunter auch der Ort der ökologischen Probleme. Das Land sei hingegen, zum Teil in einer romantischen Verklärung, der Ort, wo alles noch »in bester Ordnung ist«.

Teilweise haften der Stadt aber auch ungebrochen die großen Versprechungen an, als Ort der quasi unbegrenzten Freiheit oder als Tor zur Welt, und sie ist für junge Leute ein Sehnsuchtsort, in dessen vermeintlicher Anonymität sie sich selbst finden und ausleben können.

Die einen bedienen sich dabei des Bildes von Stadt als technischem System, bei dem sie zur Verkehrshölle oder Betonwüste verkommt. Andere wiederum interpretieren die Stadt als soziales System und sehen in Städten Orte der Freiheit, der Chancen und der Toleranz. Während die einen möglicherweise Städte als Orte eines beunruhigenden Soziotops lesen, sehen andere im Urbanen das Potenzial gemeinschaftlich gestalteter Bereiche für ein friedliches und erfülltes Zusammenleben. Ob diese ständige Gegenüberstellung von Schwarz-Weiß-Bildern passend ist und wie weit sie überhaupt helfen kann, eine nachhaltigere Zukunft anzustoßen, gilt es zu hinterfragen. Denn entsprechend der Vielzahl an Bildern fallen die abgeleiteten

Lösungsstrategien und Zukunftsvisionen für aktuelle globale Einflüsse und lokale Anforderungen sehr vielfältig und unterschiedlich aus.

GLOBALE EINFLÜSSE – REGIONALE UND LOKALE HERAUSFORDERUNGEN

Unsere Zeit ist geprägt von vielgestaltigen Herausforderungen, aber auch von vielversprechenden Entwicklungen. Städte sind gemeinhin Brennpunkte für viele davon. Im Jahr 2008 hat die Welt einen historischen Wendepunkt der Menschheitsgeschichte erlebt: Seit rund 15 Jahren leben laut Angaben der UNO weltweit nun mehr Menschen in urbanen als in ruralen Gebieten. Noch vor 50 Jahren waren es global lediglich rund 1,35 Milliarden Menschen, die in städtischen Agglomerationen wohnhaft waren. In Europa sind es bereits drei Viertel der Menschen, in Belgien etwa wohnen inzwischen sogar 98 Prozent der Menschen in urbanen Regionen. Auch in Ländern mit einem vergleichsweise hohen Anteil ruraler Regionen wie Österreich entstehen entgegen so manchem Selbstbild neue urbane Verflechtungsräume, wenn wir etwa an die Achse von Wien nach Wiener Neustadt oder an das Unterinntal denken. Dieser globale Megatrend der Konzentration von Menschen und Wirtschaftsleistung in Stadtregionen hat weitreichende Konsequenzen.

Mit dieser Urbanisierung geht eine Vielzahl an Transformationen einher, die uns in unserem tagtäglichen Leben begegnen. Wir bemerken einen tiefgehenden Wandel des sozialen Umfelds. Demografische Entwicklungen mit einer starken Zunahme von Hochbetagten treffen auf neuartige Lebenskonzepte der jüngeren Generationen, die in all ihrer Diversität häufig tradierten Bildern widersprechen. Wir begegnen geänderten Erwartungshaltungen der Gesellschaft hinsichtlich ihrer Teilhabemöglichkeiten, aber auch einer Polarisierung hinsichtlich Erwerbschancen oder Vermögen. In diesem Zusammenhang erkennen wir auch eine Polarisierung von Stadt gegenüber Land, konkretisiert in der (Selbst-)Zuschreibung urban gegenüber provinziell.

Hinzu kommt, dass wir als globalisierte Gesellschaft eine Phase der weltweiten Migrationsbewegungen erleben, die zwar viele Ursachen hat, von denen aber Umweltveränderungen und Naturkatastrophen wohl in Zukunft noch stark an Bedeutung gewinnen werden. Gleichzeitig hängen andere Migrationsbewegungen auch mit einem globalen Wettbewerb um die besten Köpfe und die attraktivsten Unternehmen zusammen, in dem sich Städte positionieren können und müssen. Diese Wettbewerbssituation erfordert ein dynamisches, aktives Verhalten der Städte. Wien positioniert sich dabei ganz stark als Standort, der Innovation fördert, Fragen der Zukunft diskutiert und tragfähige Lösungen für alle entwickelt. Gleichzeitig ist es aber wichtig zu verstehen, dass wesentliche Teile der Bevölkerung nicht diese Flexibilität oder Mobilität aufbringen können oder möchten, um ihr eigenes Leben kurzfristig grundlegend zu ändern. Trotzdem müssen Städte offen sein. Offen für neue Einflüsse, aber auch offen für kreative, innovative und unternehmerische Menschen. Das ist für städtische Gesellschaften nicht immer leicht, aber unverzichtbar.

Zur Urbanisierung gehört seit Jahrzehnten – seit der Massenmotorisierung – auch die Suburbanisierung. Durch sie kommt es zu einer Zunahme leider nicht nachhaltiger Siedlungsstrukturen im Umfeld der kompakten Kernstädte. Dies ist einer der Gründe, warum auch Wien als moderne Stadt sich längst nicht mehr ausschließlich in ihren Stadtgrenzen verstehen kann. Die Entwicklung Wiens ließe sich sonst gar nicht adäquat steuern. Zentral ist der funktionale Zusammenhang einer Region, der sich aber einer klaren Abgrenzung entzieht und sich je nach Thematik neu stellt. Für das Verständnis so gut wie aller urbanen Fragestellungen ist daher weniger eine Stadt in ihren Verwaltungsgrenzen, sondern die funktionelle Stadtregion der notwendige Betrachtungsraum.

Eine Überführung der Städte und urbanen Regionen in eine klimafitte, nachhaltige Zukunft erfordert große organisatorische und finanzielle Bemühungen. Doch sind weltweit Städte – auch Wien – seit Längerem mit besonders beschränkten finanziellen Handlungsspielräumen der öffentlichen Hand konfrontiert. Diese Ausdünnung dürfte teilweise ideologisch bedingt sein, einem wirtschafts- und fiskalpolitischen Megatrend der letzten Jahrzehnte folgend. Jedenfalls mittelfristig muss man damit rechnen, dass die Wirtschafts- und Fiskaleffekte der globalen Covid-19-Pandemie diesbezüglich zu einer erneuten Verschärfung führen werden. Kurzfristig ist hingegen in der Krise ein temporärer Konsens zum Deficit Spending, das heißt zur starken Rolle des öffentlichen Sektors in der Überwindung der pandemiebedingten Wirtschaftskrise – auch über ideologische Grenzen hinweg – erkennbar. Mit massiven öffentlichen Investitionen zur Konjunkturstützung sollen dabei auch Innovationen angestoßen werden. Das ist eine Chance, Geld für notwendige Vorhaben, wie etwa die Ökologisierung des Wirtschaftssystems, nachhaltig zu investieren. Die Stadt Wien hat diesen Weg bereits vor Ausbruch der Pandemie in ihren Nachhaltigkeitsstrategien fest verankert und verstärkt jetzt im Zuge der Pandemiebekämpfung diesen Zugang.

Doch neben konkreten, akuten Herausforderungen wie einer Pandemie, für die Städte gewappnet sein müssen, um direkt und rasch reagieren zu können, gibt es ebenso eine Vielzahl an Trends, deren Effekte heute noch nicht in ihrer Gesamtheit abgeschätzt werden können. Ein derartiger Trend ist die Digitalisierung, deren Auswirkungen insbesondere für städtische Räume es zu antizipieren und für die Stadt nutzbar zu machen gilt. Städte sind angehalten, sich mit weitreichenden Entwicklungen wie der Blockchain-Technologie oder Kryptowährungen als einer ihrer Anwendungen auseinanderzusetzen, da diese unweigerlich Einfluss auf urbane Themen wie Energiesysteme oder auch Abfallwirtschaft haben werden. Ferner ist etwa die Vision des autonomen Fahrens zu nennen, die voraussichtlich noch nicht heute oder morgen maßgebliche Auswirkungen auf das Leben in Städten haben wird, aber für die wir heute schon Ideen und Haltungen aus Perspektive der Städte entwickeln müssen.

Letztlich ist die Klimakrise zu nennen. Sie stellt für die Menschheit ein Problem nie da gewesenen Ausmaßes dar und schwebt gleich einem Damoklesschwert über all diesen Herausforderungen. Denn die Klimakrise kommt auf leisen Sohlen, passiert in vielen kleinen Schritten. Hierzulande blieb sie für die Mehrheit der Menschen im Alltag lange Zeit unbemerkt. Doch nicht nur für die jetzt lebenden Generationen, sondern mit absoluter Gewissheit für kommende Generationen gefährden und verengen ihre Konsequenzen in Summe die Lebenschancen gewaltig.

Die Bewältigung der Klimakrise ist wohl keine Conditio sine qua non für das Überleben der Menschheit, aber sehr wohl für das Weiterbestehen unserer Gesellschaft auf dem bisher erreichten hohen zivilisatorischen und sozialen Niveau und erst recht für den Erhalt der hohen Lebensqualität, die viele Europäer*innen und insbesondere die meisten Wiener*innen genießen. Im Zusammenhang mit der Klimakrise zeigt sich: Die Städte spüren sie früh – und werden somit auch zu Laboren des notwendigen Wandels.

Die internationale Gemeinschaft steht angesichts der Klimakrise vor der Notwendigkeit, viele ihrer eingeübten Verhaltensmuster zu überdenken. Dabei ist es substanziell, die Sozialverträglichkeit nicht aus den Augen zu verlieren und sie nicht ausschließlich als eine Frage der Leistbarkeit für jede*n Einzelne*n und die Gesellschaft zu sehen. Sozialverträglichkeit von Veränderungen bedeutet für eine Stadt, die für alle da sein möchte, sich auch aktiv um breite Akzeptanz zu bemühen. Nur wenn ein Großteil der Menschen bereit ist, die Veränderungen mitzutragen, können diese auch gelingen und ihre Wirkung entfalten. Dabei gilt es anzuerkennen, dass die Vielfalt der Bevölkerung Wiens sich auch in der individuell unterschiedlichen Affinität bzw. Aversion der Menschen gegenüber Veränderungen zeigt. Für einen Teil der Bevölkerung hat Veränderung etwas Beunruhigendes. Auch diese Menschen müssen gehört, ihre Befürchtungen ernst genommen werden. Auch ihnen sind für sie passende Angebote zu machen.

Angst vor Veränderung stellt nicht nur die Stadtplanung vor Probleme, sondern umfasst selbstverständlich auch viele andere Lebensbereiche. Immer wieder kommen Menschen in ihrem Leben an Wendepunkte, an denen Gewohntes aufgegeben werden muss. Diesen Wendepunkten kann mit Vorbehalten oder Angst begegnet werden. Doch können notwendige Veränderungen auch genutzt werden, um Platz für Neues und für Verbesserungen zu erreichen. Entsprechend lässt sich solchen Veränderungen retrospektiv oft sehr viel Positives abgewinnen. In den gegenwärtigen Veränderungsprozessen, die Stadtentwicklung beeinflussen, ist die Stadt noch in der guten Ausgangslage, diese proaktiv in ihrem Sinne gestalten zu können. Die notwendige Transformation soll in Wien nicht passiv hingenommen werden, sondern als eine Möglichkeit verstanden werden, über die Stadt der Zukunft nachzudenken und sie aktiv zu gestalten: eine Möglichkeit, durch das Verlassen tradierter Wege und durch neue, kluge Verknüpfungen aktuelle Probleme lösen zu können.

Dafür müssen Strategien und Maßnahmen nachvollziehbar aufbereitet und den Menschen gut vermittelt werden. Für eine erfolgreiche Vermittlung ist es entscheidend, die Chancen, die der Veränderung innewohnen, in der Kommunikation stets mitzutransportieren. Denn Veränderung ist keineswegs mit Verzicht gleichzusetzen. Hierin liegt einer der folgenschweren Irrtümer der meisten gegenwärtigen Diskurse, gerade im Zusammenhang mit der Klimakrise. Die Notwendigkeit zur Veränderung und das Ziel einer nachhaltigeren Stadt sind als Chance zu sehen. Die Chance, Lebensräume für eine Zukunft zu entwickeln, in der möglicherweise mehr Zeit dem Sein gewidmet werden wird und weniger dem Immer-mehr-Haben.

VON DER KLUGHEIT, DAS UNNÖTIGE WEGZULASSEN

Wien wird durch kluge, umsichtige und vorausschauende Planung eine Spitzenposition im internationalen Diskurs um Lebensqualität eingeräumt. Dies mag von den häufig sehr (selbst-)kritischen Wienerinnen und Wienern gerne in Zweifel gezogen werden, nichtsdestotrotz nimmt Wien aber inzwischen eine globale Rolle im Transformationsprozess ein. Wien spielt bildlich gesprochen in der Champions League der Städte. Die Strategien, Maßnahmen und Organisationsstrukturen Wiens finden international Beachtung. Entsprechend stoßen auch Wiens Überlegungen zur nachhaltigen und klimaschonenden Stadt auf internationale Resonanz.

Damit Wien diese Vorreiterposition für seine Bewohner*innen halten kann, wird viel darangesetzt, angesichts der großen Herausforderungen nicht in eine passive Haltung zu verfallen. Dafür sind stetig Abläufe und Handlungsweisen zu hinterfragen. Wenn die hohe Lebensqualität gehalten werden soll, muss fortwährend überprüft werden, was zu tun ist, um sie zu halten. Wie beim Radfahren erreicht man Stabilität in diesem Fall nicht durch Stillstand, sondern nur durch Dynamik.

Wien wird auch in Zukunft am Anspruch festhalten, ein dynamischer Ort zum guten Leben zu sein. Angesichts des hohen Veränderungsbedarfs ist eine breite gesellschaftspolitische Diskussion darüber notwendig, was darunter zu verstehen ist. Einen Weg zum Ziel hat bereits Michelangelo formuliert, der sinngemäß sagte: Man muss eigentlich nur das Unnötige weglassen.

Einen weiteren Anhaltspunkt für solche Überlegungen bietet der Architekturjournalist Kaye Geipel: »Die Idee einer rein konsumtiven Stadt gründet auf einem mehrfachen Irrtum: Man bezahlt etwas, dann ist es da; man benutzt es und schmeißt es in den Müll, dann ist es wieder weg.«[1] Geipel zeichnet damit ein weiteres Bild von Stadt als Teil einer dysfunktionalen Welt. Sämtliche Metropolen dieser Welt sehen sich mit diesen enormen Herausforderungen konfrontiert: Unser Lebensstil verbraucht zu viele Ressourcen und erhitzt das Klima auf der Erde. Seit Mitte des 20. Jahrhunderts wurden wir sukzessive abhängiger von fossilen Energiequellen und nicht-nachhaltigen Mobilitäts- und Produktionsformen.

Deutlich wird dies durch einige Fakten zum lokalen und globalen CO_2-Ressourcenverbrauch. Aktuell werden von den Österreicher*innen in etwa zwölf bis 15 Tonnen CO_2-Emissionen pro Kopf und Jahr verursacht.

---

[1] Geipel, Kaye: Nach dem Ausnahmezustand. Eine neue Stunde Null? In: Bauwelt 13.2020, S. 21.

Diese werden teilweise im Inland ausgestoßen, stecken aber zu einem großen Teil auch in den Gütern und Dienstleistungen, die wir konsumieren. Sie werden also mitunter in unserem Auftrag woanders emittiert. Das genaue Ausmaß dieser Emissionen kann auch durch Wissenschaftler*innen nur mit erheblichen Unschärfen geschätzt werden. Im globalen Durchschnitt werden laut der Rechercheplattform »Our World in Data«[2] rund fünf Tonnen pro Kopf und Jahr ausgestoßen. Um aber das globale 1,5-Grad-Ziel zu erreichen, dem sich auch die Mitgliedsstaaten der Europäischen Union 2015 durch das Übereinkommen von Paris verpflichtet haben, bedarf es einer Emissionsobergrenze von 2,5 Tonnen pro Kopf und Jahr spätestens 2030 bzw. von 0,7 Tonnen spätestens 2050, wie u. a. Forscher*innen der Aalto University berechnet haben.[3] Diese Gegenüberstellung unterstreicht den hohen Veränderungsbedarf deutlich.

Das Ausmaß, mit dem unser Lebensstil natürliche Ressourcen verschlingt, zeigt sich auch sehr eindrücklich am Materialverbrauch: Laut dem Co-Initiator der Deutschen Gesellschaft für Nachhaltiges Bauen, Werner Sobek, »besitzt« der durchschnittliche Deutsche 490

---

2 https://ourworldindata.org
3 Vgl. Akenji, Lewis; Lettenmeier, Michael; Koide, Ryu; Toivio, Viivi; Amellina, Aryanie (2019): 1.5-Degree Lifestyles: Targets and Options for Reducing Lifestyle Carbon Footprints. Technical Report, Institute for Global Environmental Studies/Aalto University/D-mat ltd: Hayama, S. 9.

Tonnen (Bau-)Material.[4] Zu diesem Material zählen anteilig Häuser, Straßen, Brücken etc. In Österreich wird das nicht anders sein. Im globalen Durchschnitt »besitzen« die Menschen aber lediglich 115 Tonnen. Um hier einen allgemeinen Ausgleich im Sinne eines weltweiten Nachziehens herzustellen, müsste die heute gebaute Welt folglich mindestens ein zweites oder drittes Mal dazu gebaut werden. Die dafür benötigten Ressourcen stünden schlichtweg nicht zur Verfügung. Vor allem würde es das Ende aller Klimaziele ebenso wie das Aus aller noch verbliebenen naturnahen Landschaften bedeuten.

Zur Verbesserung dieser Zahlen werden technische Innovationen einen wichtigen Beitrag leisten können, aber nicht ausreichend sein. Am Ende des Tages wird es ebenso soziale Innovationen brauchen, ja werden diese wahrscheinlich ausschlaggebender sein. Für eine nachhaltig die Ressourcen schonende Stadt braucht es Verhaltensänderungen und organisatorische Anpassungen. In dieser Erkenntnis liegt ein Knackpunkt der modernen Stadtpolitik und künftiger städtischer Entwicklung. Es bedarf eines ganzheitlichen Ansatzes, der mit den aktuellen Gegebenheiten klug umgeht, um soziale und klimarelevante Innovationen voranzutreiben – und dort, wo erforderlich, technologische Erneuerungen dafür gezielt nutzt.

---

4 Vgl. Geipel, Kaye: Ohne Recyclingquote geht es nicht. Gespräch mit Werner Sobek. In: Bauwelt 14.2018.

Eine Herausforderung, die das notwendige Zusammenspiel sozialer und technischer Innovationen gut verdeutlicht, ist jene der sommerlichen Überhitzung der Städte. Wien ist damit konfrontiert, dass die Sommer immer heißer werden. Dies stellt für die meisten Menschen in der Stadt lediglich eine Beeinträchtigung ihres Wohlbefindens dar, aber für gewisse vulnerable Gruppen hat diese Beeinträchtigung inzwischen bereits ein gesundheitsgefährdendes Ausmaß erreicht. Viele Häuser und Straßenzüge heizen sich im Sommer stark auf. Im öffentlichen Raum kann die Stadtpolitik durch Beschattung und Begrünung – insbesondere Baumpflanzungen – gegensteuern. Aber wie kann mit diesem Energieüberschuss in der heißen Jahreszeit aufseiten der Gebäude gut umgegangen werden? Intelligentes, umsichtiges Verhalten sollte danach streben, diese Energie umzuleiten und damit nutzbar zu machen. So ist beispielsweise ein mit Erdwärme- und Photovoltaikanlagen ausgestattetes Haus in der Stadt nicht nur beheizbar, sondern im Sommer auch kühlbar – und das weitestgehend mit erneuerbaren Energien! Lösungen für die nachträgliche Installation derartiger Systeme in Altbauten liegen auf dem Tisch. Jetzt sind innovative Finanzierungsmodelle sowie Anpassungen in Gesetzen und Förderrichtlinien notwendig, um sie breit ausrollen zu können. Es braucht aber auch die Mitwirkung der Bewohner*innen, um mit diesen nachhaltigen Systemen vollends erfolgreich zu sein: Sie werden auch aufgerufen sein, ihr Verhalten im Umgang mit Licht und Wärme zu hinterfragen und beispielsweise durch den intelligenten Einsatz von Beschattungselementen mitzuhelfen, die Hitze draußen zu halten. So spielen hier technische und soziale Innovationen zusammen.

SMART IST NACHHALTIG, NACHHALTIG IST SMART

Die zukunftsfähige Stadt, die die genannten Herausforderungen meistern kann, muss nachhaltig und klimafit sein. Wien verfolgt dazu seit einigen Jahren den Ansatz einer Smart City. International hat dieser Begriff die starke Konnotation einer technologieorientierten Steuerung der Stadt. Die zugrundeliegende Basistechnologie der Digitalisierung ist aber kein Selbstzweck, sondern sollte vielmehr das soziale Gefüge der Stadt an den richtigen Stellen präzise unterstützen. In Wien wird der Begriff der Smart City als umsichtige Stadt, als Stadt, die weit in die Zukunft blickt, gedeutet. An diesem Anspruch sollte das Handeln der Stadt gemessen werden. Hieraus ergibt sich ein breiter Nachhaltigkeitsanspruch, der neben der ökologischen auch die soziale Nachhaltigkeit umfasst. Hierin zeigt sich das Wiener Konzept der lebenswerten Stadt. Eine smarte Stadt muss einen Umgang mit dem Klimawandel finden, da er letztlich eine soziale Herausforderung darstellt. Eine smarte Stadt muss aber nicht überall Sensoren einbauen, wo dies technisch möglich ist.

Eine smarte Stadt im Sinne der Wiener Interpretation sichert auf Basis forcierter Ressourcenschonung und durch Innovation die Lebensqualität und den sozialen Frieden. Im Mittelpunkt dieser Bestrebung stehen Klimaschutz und Anpassung an die klimatischen Veränderungen. Während Klimaschutz Maßnahmen zur Reduktion der Treibhausgasemissionen umfasst, braucht es parallel Maßnahmen zur Bewältigung der bereits einsetzenden, sich unvermeidlich weiter verschärfenden, unumkehrbaren Folgen der Erderhitzung. Im Wiener Kontext werden stets Bemühungen gesetzt, Synergien zwischen Klimaschutz und -anpassung zu erzielen. Nur so wird es gelingen, die hohe Lebensqualität Wiens zu halten.

Das Wiener Konzept der klugen, umsichtigen Stadt begreift den Menschen als soziales Wesen und die Stadt als soziales System. Und das ist durchaus ein Alleinstellungsmerkmal unter smarten Städten weltweit. So ist der unaufhaltsame Wandel zu einer digitalen Gesellschaft aktiv zu gestalten und dabei auf die Schwächsten Rücksicht zu nehmen. Im Bereich des Wiener Wohnbaus gilt es, nicht nur grundsätzlich sein hohes quantitatives und qualitatives Niveau zu halten, sondern vor allem seine Leistbarkeit als sein Fundament zu stärken. Mit zahlreichen Aktivitäten wie beispielsweise der Internationalen Bauausstellung – »IBA_Wien – Neues Soziales Wohnen« – unterstützt Wien aktiv und umsetzungsorientiert Innovationen für die Zukunft des sozialen Wohnens.

Dabei zeigt sich, dass es aus Sicht einer zukunftsorientierten Stadtplanung nicht um eine Wahl zwischen elaboriertem Städtebau klassischer Prägung oder dem Leitbild einer Smart City geht. Vielmehr erfordert die Komplexität aktueller Herausforderungen angemessene und umfassende Methoden der Entwicklung der Stadt. Stadtplanung dieser Art setzt auf klassischen Städtebau mit hoher Gestaltungskraft im engeren Sinn, geht aber weit darüber hinaus. Sie ist imstande, die prozesshafte Gleichzeitigkeit städtischer Phänomene von dynamischer technischer Innovation bis hin zu Fragen sozialer Sicherheit, von neuen Mobilitätsformen bis zu neuen Wohn- und Arbeitsformen, in einer holistischen Sichtweise integrativ zu betrachten und anzusprechen und dabei, falls erforderlich, zielgruppenspezifisch zu differenzieren. Sie setzt sich mit den bestehenden und mit den absehbaren neuen Lebenswelten der Menschen auseinander. Auch ist anzuerkennen, dass bereits bestehende Bausubstanz und heute beziehungsweise in naher Zukunft errichtete Gebäude und Infrastruktur die Alltagsstrukturen einer Stadt langfristig bestimmen – bis weit ins nächste Jahrhundert hinein! In diesem Sinne sind Bemühungen zum Beispiel um eine CO_2-neutrale Stadt längst kein Zukunftsthema mehr, sondern eines der Gegenwart. Wir müssen ab sofort die Strukturen schaffen, die wir für ein klimaneutrales Wien 2040 benötigen!

Deswegen werden heute bereits strategisch neue Maßstäbe gesetzt. Innovative Methoden zur urbanen und durchmischten Stadt der kurzen Wege, zur Produktion in der Stadt oder zu einer zukunftsweisenden Nahrungsmittelproduktion im städtischen Umfeld tragen dazu bei, die Stadt aktiv und vital zu halten und somit ihre Stärken auszubauen.

BEVÖLKERUNGSWACHSTUM ALS KONSTANTE

Um diese Entwicklungen gut steuern zu können, bedarf es einer konkreten Einordnung der aktuellen Situation von Wien. Wo stehen wir?

In der öffentlichen Debatte der letzten Jahre war das außergewöhnlich hohe Bevölkerungswachstum Wiens sehr präsent und prägte das Bild der Stadt nach außen und innen. Von 1,5 Millionen im Jahr 1989 ist die Bevölkerungszahl auf mittlerweile mehr als 1,9 Millionen gestiegen. Die aktuelle Bevölkerungsprognose[5] geht davon aus, dass Wien in der zweiten Hälfte dieses Jahrzehnts die Schwelle von zwei Millionen Einwohner*innen überschreiten wird. Dies ergibt ein Plus von 420.000 Menschen in den letzten 30 Jahren, seit

---

5 Vgl. https://www.wien.gv.at/statistik/bevoelkerung/prognose/.

dem Fall des Eisernen Vorhangs. Zu Beginn der 2010er Jahre erlebte Wien eine Phase mit Zuwächsen von regelmäßig 20.000 Menschen pro Jahr. Im Jahr 2015 war es sogar ein Plus von 43.000 Personen. Inzwischen hat sich das Wachstum bei knapp 10.000 Menschen pro Jahr stabilisiert. Heute ist Wien, nach Berlin und noch vor Hamburg, die zweitgrößte Stadt im deutschsprachigen Raum. Das Wiener Bevölkerungswachstum bedeutet – bildlich gesprochen –, dass fast Graz und Linz in Wien neu hinzukommen sind.

Dieses Bevölkerungswachstum fußt – wie in Metropolen üblich – in erster Linie auf Zuwanderung und nur zu einem weit geringeren Teil auf einer positiven Geburtenbilanz. Die Zuwanderung nach Wien ist von einer großen Internationalität und Diversität geprägt – ein Umstand, der unterstreicht, wie sehr sich diese Stadt aus einer Randlage am Eisernen Vorhang zurück ins Zentrum Europas bewegt hat.

Wien ist das unangefochtene Zentrum Österreichs, was sich darin ausdrückt, dass ein erheblicher Anteil des Wiener Bevölkerungszuwachses der letzten Jahrzehnte auf die Zuwanderung aus den Bundesländern zurückzuführen ist. Das ist in Wahrheit unter gewissen Gesichtspunkten nicht optimal und gibt zu denken. Erste Gemeinden in Österreich sind beunruhigt, selbst wenn vielerorts akut noch keine Entvölkerung droht. Teilweise findet sich sogar in Bundesländern mit einer jahrzehntelangen Tradition der Errichtung frei stehender Einfamilienhäuser eine Hinwendung zu kompakteren Siedlungsformen etwa in Form von Geschosswohnungsbau. Denn wenig verwunderlich suchen auch jüngere Familien auf dem Land solche Wohnformen, da sie sich diese eher leisten können. Heutige Generationen sind nicht mehr bereit, in jungen Jahren an jedem Wochenende und in jedem Urlaub an einem Haus zu bauen, und sehen in der verdichteten Bauweise auch persönliche Vorteile, wie etwa die Möglichkeit, wegen der erzielten Dichte fußläufig Einkäufe tätigen zu können oder den Kindern einen kurzen Schulweg zu ermöglichen. Solche urbanen Qualitäten sind mit kluger Raumplanung jedenfalls auch abseits der Kernstädte verwirklichbar.

Wie eingangs erwähnt geht Urbanisierung seit Längerem mit Suburbanisierung an den Rändern der Städte einher. Diese Entwicklung lässt sich seit geraumer Zeit auch in Wien ablesen. Das Wiener Umland in Niederösterreich und dem Nordburgenland ist jener Raum, in den seit Jahrzehnten mehr Leute von Wien abwandern, als von dort in die Kernstadt ziehen. Im Zuge der aktuellen Gesundheitskrise ließ sich diesbezüglich zuletzt eine leicht steigende Tendenz beobachten. Covid-19 könnte in diesem Bereich also eine Art Trendverstärker werden. In den überwiegenden Fällen verlagern die Abwandernden lediglich ihren Wohnort in das Umland. Arbeitsplätze und soziale Kontakte verbleiben meist in Wien. Dieser Umstand führt dazu, dass es tagtäglich zu einem gesteigerten Pendelverkehr nach Wien kommt, während ein viel geringerer Teil in die Gegenrichtung unterwegs ist. Die Verlagerung von Arbeitsplätzen in das Homeoffice wirkt hier freilich dämpfend. Tatsächlich bleibt aber sowohl abzuwarten, wie sich der Trend, vermehrt ins »Grüne« ziehen zu wollen, als auch jener, dann vermehrt von zu Hause zu arbeiten, nach dem Ende der Pandemie entwickeln wird.

INFRASTRUKTUR:
WAS DIE STADT ZUSAMMENHÄLT

Ein Bevölkerungswachstum im beschriebenen Ausmaß verlangt eine enorme Finanzierungs- und Organisationsleistung der Stadt, insbesondere zur Schaffung und zum Betrieb der erforderlichen Infrastruktur. Nachdem Wien in der jüngeren Vergangenheit vom durchschnittlich ältesten zum jüngsten Bundesland Österreichs wurde, reagiert die Stadt Wien zum Beispiel, indem sie rund hundert neue Schulklassen im Pflichtschulbereich pro Jahr baut. Inklusive Schulsanierungen werden so mehr als 160 Millionen Euro jährlich in den Schulbereich investiert. Der von europäischer und nationaler Seite vorgegebene Zwang zu strikter Budgetdisziplin beschränkt aber die Möglichkeiten der Stadt, sinnvolle Zukunftsinvestitionen selbst zu finanzieren – ungeachtet des volkswirtschaftlichen

Nutzens und derzeit äußerst günstiger Bedingungen auf den Kapitalmärkten. Die Stadt Wien greift daher einerseits auf Public-Private-Partnership-Modelle zurück, wobei sie verlässliche, am Gemeinwohl interessierte Partner in den Unternehmen der Wien Holding findet. Andererseits wurde mit den »Städtebaulichen Verträgen« ein Instrument geschaffen, das unter gewissen Umständen Beiträge Privater für Infrastrukturen ermöglicht. So gehört es zum Berufsbild privater Immobilienentwickler*innen, Möglichkeiten zu identifizieren, wie die Nutzung von Liegenschaften qualitativ und natürlich auch quantitativ optimiert werden kann. Leisten derartige Projekte auch einen positiven Beitrag zur Erreichung der Ziele der Wiener Stadtplanung, ist eine entsprechende Anpassung der bestehenden Flächenwidmungs- und Bebauungspläne grundsätzlich denkbar – sofern die ausgelösten zusätzlichen Infrastrukturbedürfnisse abgedeckt werden können: Werden an einem Standort zusätzliche Wohnungen errichtet, sind zum Beispiel auch zusätzliche Kindergarten- und Schulplätze erforderlich. Ist die öffentliche Hand im Moment nicht in der Lage, diese Infrastrukturinvestitionen zu stemmen, können die privaten Investoren sich in der Form eines zivilrechtlichen Vertrags mit der Stadt Wien an dem so entstehenden Aufwand beteiligen. So können Win-win-Situationen lukriert werden: Die Allgemeinheit profitiert von Investitionen, die auch im öffentlichen Interesse stehen (etwa die Schaffung von Wohnraum), die Investoren können ihr Projekt zu einem früheren Zeitpunkt umsetzen.

Wenn von Infrastruktur die Rede ist, denken viele in erster Linie an Straßen, Strom-, Wasser- und Kanalleitungen. Im Wiener Kontext ist ein weiter gefasster Infrastrukturbegriff vorherrschend, der neben der technischen auch die soziale und grüne Infrastruktur als gleichwertige Säulen mit großer Bedeutung für die hohe Lebensqualität in einer wachsenden, prosperierenden Metropolentwicklung anerkennt. Soziale Infrastruktur umfasst dabei Schulen und Kindergärten, Krankenhäuser und Geriatriezentren, aber auch Büchereien und Sporteinrichtungen, die öffentlich finanziert und für das Gemeinwesen essenziell sind. Grüne Infrastruktur bedeutet Parks und Naherholungsgebiete, aber auch Begrünungsmaßnahmen auf Plätzen und in Straßen. Diese Anlagen sind sowohl zur Temperierung der Stadt angesichts der Erderhitzung als auch zur Erholung und als soziale Orte von höchster Bedeutung.

Entscheidend ist, diese Felder nicht separat, sondern als integriertes Aufgabenfeld einer nachhaltigen Stadtentwicklung zu betrachten. Eine gut funktionierende, umfassende öffentliche Infrastruktur in allen drei genannten Bereichen ist ein Eckpfeiler des Modells der europäischen Stadt und Teil des grundlegenden Selbstverständnisses Wiens.

Ein Bevölkerungswachstum, wie es in Wien stattgefunden hat und weiter stattfindet, erfordert es, dass die Stadt ihren Anspruch als »Integrationsmaschine« optimiert. Dabei spielt die genannte soziale, aber auch grüne Infrastruktur eine tragende Rolle. Entscheidend ist dafür, dass wir in einer Stadt leben, in der wir einander begegnen können. Frei zugängliche öffentliche Räume und Plätze, gut nutzbar für den gesamten sozialen Querschnitt der Bevölkerung, sorgen dafür, dass Menschen außerhalb der Kontexte Arbeit und Konsum miteinander in Kontakt und Austausch treten können.

Mit ihren sozialen, stadtökologischen und stadtgliedernden Aufgaben kommt der grünen Infrastruktur eine besondere, tragende Rolle zu. Diese Erkenntnis ist in den vergangenen Jahren – vielleicht wieder – zu einem Leitgedanken von Stadtplanung geworden. Die Grundpfeiler der Grünraumversorgung Wiens wurden jedoch bereits vor über hundert Jahren gelegt. Dass heute die Hälfte des Wiener Stadtgebiets Grünraum ist, hat viel mit einer langfristig vorausschauenden und umsichtigen Planung zu tun, an deren Anfang der Beschluss zum Schutz des Wald- und Wiesengürtels von 1905 steht. Die gleichnamige Schutzkategorie findet sich bis heute in der Wiener Bauordnung bzw. in den Flächenwidmungsplänen – und bis heute wird an dieser bedeutenden Infrastruktur weiter geplant und gearbeitet. Aktuell liegt ein Schwerpunkt in der Donaustadt in Form des Norbert-Scheed-Waldes, der rund tausend Hektar Fläche einnehmen soll. Mit der Sicherung dieses Grünraums wird ein städtischer Erholungsbereich geschaffen, der über den öffentlichen Nahverkehr für alle Menschen in der Stadt gut erreichbar ist.

Insgesamt hat sich die Stadt Wien vorgenommen, in den nächsten Jahren 15 Millionen Quadratmeter zusätzlichen Grünraum zu schaffen sowie 25.000 neue Bäume im Straßenraum, davon bis zu 3000 an neuen Standorten, zu pflanzen. Neben Projekten für großflächige urbane Grünräume geht es dabei vielfach darum, urbanes Grün auf zeitgemäße Art in öffentliche Räume im Wohnumfeld zu integrieren. Die Notwendigkeit, für die Stadt Antworten auf die voranschreitende Erderhitzung zu finden, hat diesen Bestrebungen neuen Aufwind verliehen. Urbane Begrünung als »Nature-based solution« zur natürlichen Kühlung der Stadt ist in aller Munde. Aber auch die aktuelle Covid-19-Situation hat bei vielen Menschen in der dicht bebauten Stadt erstmals die Frage aufgeworfen, ob der öffentliche Raum wirklich so genutzt werden muss, wie er jahrelang genutzt wurde, oder ob alternative, grünere Konzepte gefunden werden könnten. Mittlerweile gibt es eine Reihe an erlebbaren Beispielen für die Transformation öffentlicher Räume etwa in Form der Umgestaltungsprojekte in der Mariahilfer Straße oder der Rotenturmstraße.

Wien wäre aber nicht Wien, wenn nicht auch die Verteilung des wertvollen urbanen Grün- und Freiraums einem Gerechtigkeitsdiskurs unterliegen würde. Teilweise können innerstädtische Stadtentwicklungsprojekte – etwa auf den ehemaligen Bahnarealen – dazu genutzt werden, mehr Grün in traditionell weniger gut versorgte Gebiete zu bringen. Andererseits arbeitet die Stadt stetig an der Weiterentwicklung eines stadtweiten Grünraumnetzes, damit alle Wienerinnen und Wiener wohnortnah Zugang zu einem Platz im Grünen haben.

WOHNBAU:
ECKPFEILER EINER NACHHALTIGEN STADT

Infolge des Bevölkerungswachstums forciert die Stadt Wien auch ihr international viel beachtetes Stärkefeld, den Wohnbau. Über 900.000 Hauptwohnsitze sind in Wien gemeldet, davon wohnen rund 75 Prozent der Menschen in Mietwohnungen. Lediglich 15 Prozent dieser Mietwohnungen unterliegen einer freien Mietpreisbindung, 85 Prozent werden von der Stadt oder gemeinnützigen Bauvereinigungen vergeben, wurden mit Wohnbaufördermitteln errichtet oder unterliegen den Regelungen des Mietrechtsgesetzes, laut Statistiken und Schätzungen der Stadt Wien. Dies führt in Summe dazu, dass die Wiener*innen laut Recherchen im Zuge der IBA_Wien im Durchschnitt nicht mehr als circa elf Prozent des verfügbaren Einkommens für die Miete aufwenden müssen, während es etwa in Berlin 20 Prozent und in Amsterdam oder in München bereits

26 bzw. 27 Prozent des monatlichen Haushaltseinkommens sind.[6] Ein teilweise regulierter Wohnungsmarkt in Wien ist damit auch eine Art »soziale Infrastruktur« und trägt zu einer durchmischten Stadtgesellschaft bei.

Dem Wiener Verständnis nach gehört leistbares Wohnen auch untrennbar zu einer nachhaltigen Stadt, denn Wohnen ist ein nicht verhandelbares Grundbedürfnis. Auch jene, die die Stadt in weniger gut bezahlten Berufen am Laufen halten, sollen es sich leisten können, in ihrer Stadt zu wohnen. Seit dem Roten Wien der Zwischenkriegszeit errichtet die Stadt Wien daher auch selbst Wohnungen. Durch kontinuierliche Investitionen über viele Jahrzehnte wurde ein großer Bestand an Gemeindewohnungen aufgebaut – rund 220.000, in denen etwa eine halbe Million Wiener*innen wohnt. Ein derart großes Angebot setzt den privaten Wohnungsmarkt bezüglich Preis und Qualität gehörig unter Druck. Darüber hinaus wird mit der Wohnbauförderung ein weiteres bedeutendes Instrument eingesetzt: Jahr für Jahr wird die Errichtung Tausender Wohnungen gefördert, die einerseits besonderen Qualitätsstandards genügen, andererseits – zumindest für die Dauer der Laufzeit der geförderten Darlehen – zu leistbaren Konditionen angeboten werden müssen. Da-

---

6 Vgl. Luger, Bernadette; Mlango, Victoria (2020): Wie europäische Städte Wohnungspolitik machen. In: Neues soziales Wohnen. Positionen zur IBA_Wien 2022, S. 172–183, hier S.178.

durch, dass das Gros der Förderungen dabei an gemeinnützige Bauträger geht, stehen viele dieser Wohnungen unlimitiert zu günstigen Konditionen zur Verfügung. Zählt man diese rund 170.000 Genossenschaftswohnungen und die Gemeindebauwohnungen zusammen, so sind rund 40 Prozent aller Wiener Wohnungen auch langfristig dem sozialen, dem leistbaren Wohnbau zuzurechnen. Das ist ein bedeutender Eckpfeiler für eine solidarische, resiliente und nachhaltige Stadt.

Eine der Voraussetzungen, damit Wien hier weiterhin als starke Akteurin auftreten kann, ist die aktive Bodenpolitik der Stadt, die die öffentliche Hand – in erster Linie den unter anderem dafür geschaffenen Wohnfonds Wien – zu einer der wichtigsten Grundeigentümerinnen macht. Aktuelle Innovationen im Planungsrecht flankieren diesen Weg der langfristigen Absicherung des sozialen Wohnbaus. So wurde in Wien jüngst eine Widmungskategorie für geförderten Wohnbau eingeführt, die – vereinfacht ausgedrückt – besagt, dass zwei Drittel der neu gewidmeten Wohnungen gefördert und somit sozial verträglich zur Verfügung gestellt werden müssen. Dies trägt auch der Tatsache Rechnung, dass es die Stadt und die Allgemeinheit sind, die durch öffentliche Investitionen in beispielsweise Straßen, U-Bahnen, Schulen oder Parks den Wert eines Standorts schaffen, der sich dann auf die Wohnungspreise auswirkt. Diese Widmungskategorie führt in weiterer Folge auch dazu, dass die private Immobilienentwicklung viel eher angehalten wird, Wohnungen zu produzieren, die de facto auch gebraucht und genutzt werden und nicht, wie häufig in anderen Metropolen, lediglich als Anlageprodukt gesehen werden können.

DIE RÜCKKEHR DER PRODUKTION IN DIE STADT

Das Stadtwachstum erfordert neben einem gesteigerten Angebot an verfügbarem und leistbarem Wohnraum auch ein Mehr an Arbeitsplätzen. Konsequenterweise erfolgt die Weiterentwicklung der Stadt daher nicht nur im Bereich Wohnen, sondern inkludiert auch die Sphäre Arbeit. Aufgrund sich ändernder Rahmenbedingungen im produzierenden Sektor – moderne Herstellungsprozesse verursachen häufig keine nennenswerten Beeinträchtigungen in Form von Lärm oder Abgasen mehr – steigt dabei die Nachfrage für urbane Produktionsstätten. Die Stadt Wien sieht den produzierenden Bereich als eine wesentliche Säule einer nachhaltigen Stadtentwicklung. Bereits heute lassen sich, laut einer Studie im Auftrag der Industriellenvereinigung 2014[7], rund 23,5 Milliarden Euro Wertschöpfung auf

---

7 Vgl. Umfang und Struktur der Industrie Wiens. Studie des Industriewissenschaftlichen Instituts im Auftrag der Industriellenvereinigung, April 2014, S. 35.

ihn zurückführen. Wien will den produzierenden Bereich daher langfristig stärken und hat sich zum Ziel gesetzt, rund fünf Prozent der Gesamtfläche Wiens als Betriebsflächen zu sichern.

Die Digitalisierung ist auch im Bereich von Arbeit und Produktion eine wesentliche Triebfeder für die Weiterentwicklung. Sie sorgt etwa dafür, dass Produktion und Wohnen im 21. Jahrhundert nicht mehr zwangsläufig räumlich getrennt stattfinden müssen. Selbstverständlich lassen sich nicht alle produktiven Tätigkeiten in durchmischte Quartiere integrieren, aber der technologische Fortschritt macht dies immer öfter möglich.

Mit der Zonentypisierung »Gewerbliches Mischgebiet« hat die Stadt Wien daher eine Zukunftsvision der Produktiven Stadt geschaffen. Dabei handelt es sich um bisher ausschließlich betrieblich genutzte Flächen, die aufgrund ihrer zentralen Lage und aktuellen Entwicklungen Potenziale für eine intensivere, dichtere und vielfältigere Nutzung bieten. Diese neuen Mischformen von Arbeiten und Wohnen anstelle ausschließlich monofunktionaler Betriebs- und Wohngebiete, sind ein deutliches Zeichen einer nachhaltigen Stadtentwicklung. Schließlich fördern sie neben vielen anderen positiven Aspekten auch die Stadt der kurzen Wege.

MOBILITÄT FÜR ALLE

Eines der Bilder von Städten, das sich beständig hält, ist das des »Verkehrsmolochs«. Unabhängig vom Wahrheitsgehalt dieses Bildes stellt das Thema Mobilität aktuell weltweit Städte vor große Herausforderungen und wird entsprechend heiß diskutiert. Das gilt auch für Wien. Wenn man die laufenden Debatten genauer betrachtet, scheint eine Abkehr von den bei Verkehrsdiskussionen üblichen Polarisierungen sinnvoll. Denn wie im überwiegenden Teil der Metropolen dieser Welt gibt es auch in Wien kaum Menschen, die ausschließlich zu Fuß, mit dem Fahrrad, mit öffentlichen Verkehrsmitteln oder ausschließlich mit dem Auto unterwegs sind. In der Realität sind fast alle Wiener*innen multimodal unterwegs – also einmal mit diesem und einmal mit jenem Verkehrsmittel. Zumindest den Weg von der eigenen Haustür zum Parkplatz bewältigen auch Autofahrer*innen normalerweise zu Fuß. Und selbst hartgesottene Fahrradfahrende nutzen mitunter die Möglichkeit, bei schlechtem Wetter auf den gut ausgebauten öffentlichen Personennahverkehr der Stadt auszuweichen.

Entscheidend für eine Stadt mit Nachhaltigkeitsanspruch ist daher, dass die Verkehrsinfrastruktur für alle Menschen sicher zu benutzen ist. Das bedeutet, dass wir unsere Straßen beispielsweise auch danach beurteilen sollten, ob etwa Schulkinder gefahrlos ihre täglichen Wege mit dem Fahrrad bestreiten können. Eine Stadt hat vermutlich dann ein hochwertiges Verkehrssystem, wenn Eltern in dieser Beziehung keine Bedenken haben müssen.

Tatsächlich sinkt in Wien im langfristigen Trend als einzigem Bundesland der Motorisierungsgrad laut Berechnungen von Urban Innovation Vienna. 2020 gab es in Wien rund 370 Pkws pro tausend Einwohner*innen. Andere Bundesländer verbuchten bis zu 80 Prozent höhere Zahlen, wie beispielsweise gewisse Gebiete des Burgenlands mit bis zu 680 Pkws pro tausend Einwohner*innen.[8] Dies ist insofern nicht verwunderlich, da die Stadt mit ihrer dichten Siedlungsform einfach sehr verkehrssparend organisiert ist. Sie weist ein Maß an Kompaktheit auf, das ein attraktives öffentliches Verkehrsnetz sinnvoll betreibbar macht, und fördert in der Umsetzung des Leitbilds der Stadt der kurzen Wege die Möglichkeiten, angenehm zu Fuß zu gehen und mit dem Fahrrad zu fahren.

Dennoch hält sich die Erzählung, dass die Autonutzung und der Autobesitz weitgehend stabil wären. Tatsächlich erleben wir aber gerade einen Generationenwechsel. Bereits heute zeichnet sich ab, dass es zu einem Umdenken und einer Werteverschiebung bei

---

8 Vgl. Urban Innovation Vienna: Klimaschutz und Energiewende: Ein Bundesländervergleich. 2020, Folie 7. (https://www.urbaninnovation.at/tools/uploads/Bundeslandervergleich_STW_169_2020_END.pdf)

vielen Wiener*innen gekommen ist und der Besitz des eigenen Autos nicht mehr im Vordergrund steht. Der Anteil der Jungen, die das Auto für den Weg zur Ausbildung oder zur Arbeit nutzen, ist, laut einer Studie im Auftrag der Arbeiterkammer Wien, zwischen 2003 und 2013 von 20 auf elf Prozent gesunken. Inzwischen stimmen unglaubliche 90 Prozent der Wiener Bevölkerung der Aussage zu, dass man in Wien kein eigenes Auto besitzen muss, wie die jüngste Auflage der Wiener Lebensqualitätsstudien, eine Umfrage unter mehr als 8000 Wiener*innen, zeigte.[9] In dieser Zahl steckt großes Potenzial, das es zu nutzen gilt. Derzeit besteht zwar noch eine Lücke zwischen dieser Aussage und dem realen Verhalten. Der Boden für eine Verhaltensänderung ist allerdings aufbereitet.

Die Stadt Wien bekennt sich zu dem Ziel, dass Wiener*innen nicht auf den Besitz eines eigenen Autos angewiesen sein sollen. Wichtige Schritte dorthin sind die beständige Erweiterung des öffentlichen Verkehrsnetzes mit den Schwerpunkten U-Bahn- und Straßenbahnausbau. Mehr als eine Milliarde Euro fließt daher derzeit in den U-Bahn-Bau für die erste Ausbaustufe der Linien U2 und U5. Darüber hinaus braucht es aber auch Anreize

---

9 Vgl. Verwiebe, Roland; Haindorfer, Raimund; Dorner, Julia; Liedl, Bernd; Riederer, Bernhard (2020): Lebensqualität in einer wachsenden Stadt: Wiener Lebensqualitätsstudie 2018. In: Stadt Wien, Stadtentwicklung und Stadtplanung (Hg.): Werkstattbericht 187, S. 208f.

wie das international viel beachtete Ein-Euro-pro-Tag-Ticket für den öffentlichen Verkehr in Wien.

Wiens Mobilitätskonzepte verfolgen eine kontinuierliche Steigerung des Umweltverbunds im sogenannten Modal Split, also der Verteilung des Transportaufkommens auf die verschiedenen Verkehrsmittel. Inzwischen legt die Wiener Bevölkerung gemäß den Erhebungen der Wiener Linien nur noch 27 Prozent ihrer Wege in der Stadt mit dem Auto zurück. Anfang der neunziger Jahre lag dieser Wert noch bei 40 Prozent. Es zeigt sich, dass der Motorisierungsgrad und die Fahrleistung, die mit dem Pkw zurückgelegten Kilometer pro Person, stetig abnehmen. Doch die Ziele der Stadt sind noch ambitionierter. Im Angesicht der Klimakrise intensiviert die Stadt Wien ihre Bemühungen: Bis 2030 soll der Anteil der in Wien im erweiterten Umweltverbund zurückgelegten Wege auf 85 Prozent steigen.

Der Umweltverbund – das Zu-Fuß-Gehen, das Radfahren und der öffentliche Verkehr – werden bei dieser Zielsetzung um Sharing-Modelle »erweitert«. Wenn zum Beispiel Autos von einer Vielzahl von Personen geteilt genutzt statt von einzelnen besessen werden, verringern sich nicht nur die Kosten der persönlichen Mobilität für die Nutzer*innen drastisch, sondern es sinkt mittelfristig auch die Verkehrsleistung auf der Straße maßgeblich. Diese Ansätze der gezielten Förderung einer Sharing Economy im Mobilitätsbereich liefern wichtige Impulse, um den Bewohner*innen einen dauerhaften Umstieg auf klimafitte Mobilitätsformen zu erleichtern. Wer heute bereits in Wien am Carsharing teilnimmt, kann sicher sein, in vielen Bereichen der Stadt ein einsatzfähiges Auto vorzufinden, das kaum Wünsche offenlässt. Der Umstieg vom eigenen Auto bedeutet damit keinen Verzicht, sondern kann sogar einen Gewinn an Lebensqualität mit sich bringen.

Auch im Mobilitätsbereich ist der Blick auf die regionalen Zusammenhänge entscheidend, um einen zielführenden Beitrag zur nachhaltigen Stadt zu leisten. Immer noch liegt beim Pendelverkehr der Anteil, der wochentags mit dem Pkw abgewickelt wird, bei 70 Prozent laut Schätzungen auf Basis der Erhebungen der Planungsgemeinschaft OST.[10] Die Stadt Wien verfolgt in enger Partnerschaft mit den Nachbarbundesländern sowie dem Bund Strategien, die diesen Anteil zukünftig drastisch senken sollen. So wird zum Beispiel der Ausbau der S- und Regionalbahn über die Stadtgrenzen Wiens hinaus konsequent und partnerschaftlich vorangetrieben. Ein großes Schieneninfrastrukturpaket für die kommenden Jahre befindet sich in Finalisierung. Durch Gleisausbau, die Errichtung von neuen Stationen und Bahnhöfen, aber auch die Modernisierung be-

---

10 Vgl. Rittler, Christian (2013): EinpendlerInnen nach Wien. Achsenbezogene Untersuchung der Park & Ride Potenziale. (https://www.planungsgemeinschaft-ost.at/fileadmin/root_pgo/Studien/Verkehr_und_Mobilitaet/Einpendler_nach_Wien.pdf)

stehender innerstädtischer Strecken, soll der bereits zu erwartende Mehrbedarf und das höhere Fahrgastaufkommen durch den erwünschten Umstieg auch langfristig umweltschonend bewältigt werden können.

Eines der großen Zukunftsthemen im Mobilitätsbereich – gerade auch im regionalen Kontext – ist zweifelsohne das autonome Fahren. Wie seinerzeit die Einführung des Automobils wohnt dem autonomen Fahren das Potenzial inne, gravierende Auswirkungen und räumliche Veränderungen für unsere Städte nach sich zu ziehen. Der Entwurf eigener, urbaner und vor allem sozial gedachter Zukunftsbilder aus städtischer Sicht sind notwendig, um Handlungsgrundlagen zu schaffen, damit Visionen, die derzeit vor allem seitens der Automobilindustrie und von Internetkonzernen vorangetrieben werden, dahingehend gelenkt werden können, die Lebensqualität im Gefolge dieser Veränderungen in Wien zu erhalten oder sogar zu verbessern. Es liegt an uns, die Chancen zu nutzen und Entwicklungen im Sinne der Interessen der Bürger*innen frühzeitig mitzugestalten.

Wir sind angehalten zu hinterfragen, welchen Beitrag das autonome Fahren zu verkehrs- und klimapolitischen Zielsetzungen leisten kann, welche Steuerungsmechanismen es stärken, welche es schwächen wird. Kann autonomes Fahren einen Beitrag zur Vision Zero, das heißt dem Vermeiden jeglicher Toten im Verkehr, leisten? Wird es das Ende des Pkws in Privatbesitz einläuten, indem es dem Sharing im Mobilitätsbereich zum endgültigen Durchbruch verhilft? Kann es damit durch eine deutliche Reduktion des Stellplatzbedarfs neue Handlungsspielräume zur Neugestaltung öffentlicher Räume ermöglichen? Das Fehlen einer aktiven Steuerung seitens der Stadt könnte hingegen andere Bemühungen im Verkehrsbereich zunichtemachen, wenn es als Konsequenz zu einer Zunahme des motorisierten Individualverkehrs und der Fahrtdistanzen kommt oder die Auslastung öffentlicher Verkehrsmittel unter Druck gerät.

URBANE DICHTE:
DIE ANTWORT AUF VIELE FRAGEN

Das Wachstum der Städte zerstöre wertvolle Böden und Landwirtschaftsflächen, ist ein weiterer hartnäckiger Mythos, der auch in Wiener Diskursen bemüht wird. Dabei ist es ein Faktum, dass nirgends so bodenschonend gelebt werden kann wie in der Stadt. Qualitätsvolle städtische Dichten sind die einzig sinnvolle Antwort auf die Herausforderung des grassierenden Flächenverbrauchs für Siedlungen – und damit auf die Klimakrise, die Biodiversitätskrise, den Verlust von Naturräumen und Landschaften.

Wien ist das Bundesland mit dem bei Weitem niedrigsten Bodenverbrauch pro Kopf. Zwischen 2005 und 2019 nahm der Pro-Kopf-Verbrauch an Boden sogar um 18 Prozent ab, wie Berechnungen von Urban Innovation Vienna zeigten.[11] Damit ist Wien das einzige Bundesland, das in diesem Bereich einen deutlichen Rückgang verzeichnen kann. In der Gegenüberstellung der Siedlungsformen ist der Vorteil der dichten und kompakten Stadt trotz mancher statistischer Unschärfe unübersehbar. Während laut Umweltbundesamt in Wien rund 50 Quadratmeter Verkehrs- und Baufläche pro Kopf versiegelt sind, ist es im Burgenland, geprägt von Einfamilienhäusern und Zersiedlung, mit 500 Quadratmetern zehnmal so viel Fläche pro Kopf. Der österreichische Durchschnitt liegt bei 250 Quadratmetern und damit immer noch fünfmal so hoch wie in Wien.[12]

Es zeigt sich, dass die intensiv genutzte Stadt die einzige Möglichkeit darstellt, dem globalen Verlust an Naturräumen und Biodiversität Einhalt zu gebieten. Gerade das weltweite Bevölkerungswachstum kann nur in urbanen Siedlungsformen ressourcenschonend bewältigt werden. Einerseits gilt es, Naturräume zu erhalten – auch als Erholungsgebiete –, andererseits müssen Flächen für die Nahrungsmittelproduktion gesichert werden. Die dabei zentrale Bedeutung hinreichender Siedlungsdichten wird bei Betrachtung des Gegenmodells zur urbanen Siedlungsform deutlich: Wollten alle Wienerinnen und Wie-

---

11 Vgl. Klimaschutz und Energiewende: Ein Bundesländervergleich, Folie 18.
12 Vgl. Flächeninanspruchnahme in Österreich 2019. (https://www.umweltbundesamt.at/fileadmin/site/themen/boden/flaechenverbrauch_2019.pdf)

ner in Einfamilienhäusern wohnen, bedürfte es zusätzlich zu den in Wien bestehenden Wohngebieten weiterer Flächen im Umfang von 2,5 Mal der Fläche des gesamten Neusiedlersees, ergaben Berechnungen der Wiener Abteilung für Stadtentwicklung und Stadtplanung.[13] Große Teile des Wienerwalds und/oder der landwirtschaftlichen Flächen des Marchfelds würden Siedlungsflächen zum Opfer fallen. Ein Flächenverbrauch dieser Form ist schlichtweg weder erstrebenswert noch möglich.

Im Gegensatz dazu bietet die dichte und kompakte Stadt nicht nur ökologische, sondern auch soziale Vorteile. So erhöht die bereits häufig adressierte »Stadt der kurzen Wege« – heute auch gerne als »15-Minuten-Stadt« tituliert – letztlich auch die Chancengleichheit. Zahlreiche unterschiedliche gesellschaftliche Einrichtungen können in solchen Siedlungsstrukturen niederschwellig und kostengünstig zu Fuß, mit dem Fahrrad oder den öffentlichen Verkehrsmitteln erreicht werden – der Arbeitsplatz, Geschäfte, Bildungs-, Kultur- oder Sporteinrichtungen. Zweckmäßigerweise findet innerhalb der Stadt eine Bündelung dieser Gelegenheiten in lokalen Zentren statt, die dann auch als Orte der Begegnung fungieren und häufig identitätsstiftend wirken. Eine derartige Siedlungsstruktur ist eine wichtige Säule der Nachhaltigkeit einer Stadt – nicht nur ökologisch, sondern auch sozial.

Das Bevölkerungswachstum der letzten Jahre hat die

---

13 https://story-maps.wien.gv.at/BaulDichte.html.

Stadt vor die Aufgabe gestellt, qualitätsvolle Dichten in bestehenden Quartieren weiterzuentwickeln sowie in der Stadterweiterung zu realisieren und gleichzeitig das Angebot an sozialer und grüner Infrastruktur aufrechtzuerhalten bzw. entsprechend mit zu entwickeln. Das – und damit der Erhalt der hohen Lebensqualität in Zeiten starken Bevölkerungswachstums – war nicht zuletzt das Ergebnis von wohlstrukturierten Prozessen der Steuerung dieser Entwicklung.

Vorwiegend wurde das Bevölkerungswachstum durch eine qualitätsvolle Weiterentwicklung der Bestandsstadt erreicht, die die Effizienz der gebauten Stadt noch steigerte. Neben der Nachverdichtung, die mittels kleinmaßstäblicher Interventionen in der Bestandsstadt verfolgt wurde, betrieb und betreibt die Stadt Wien ein »Flächenrecycling« von nicht mehr zeitgemäß genutzten Flächen, wie sie sich beispielsweise auf Wiener Bahnhofsarealen finden. Diese werden nun für neue – und selbstverständlich vielfältige – Nutzungen herangezogen.

Ergänzend zur Weiterentwicklung bestehender Quartiere und der Umnutzung der sogenannten »Brownfields«, also Konversionsflächen, wurde die Stadt auch punktuell erweitert, vorzugsweise dort, wo bereits infrastrukturelle Vorleistungen bestanden. Derartige Arrondierungen des Siedlungskörpers wird es voraussichtlich auch in Zukunft geben. Insgesamt gehen Untersuchungen der Stadt davon aus, dass die Potenziale für eine zukünftige sanfte Nachverdichtung und zurückhaltende Erweiterung der Stadt ausreichend sind, um für bis zu 2,5 Millionen Menschen hochwertigen urbanen Lebensraum bereitstellen zu können. Damit ist eine Perspektive für die nächsten 50 bis hundert Jahre gegeben.

Ein weiterer Vorteil der dicht bebauten, kompakten Stadt ist sicherlich ihre Flexibilität. Aktuell lassen sich in Wien viele Initiativen beobachten, die aufzeigen, wie sich Räume temporär anders nutzen lassen als herkömmlicherweise gedacht – die Themen Mehrfachnutzung und Zwischennutzung gewinnen in der Stadt immer mehr an Bedeutung. Öffentliche Räume und leer stehende Gebäude werden schon länger vermehrt als soziale Treffpunkte und Veranstaltungsorte für Kunst und Kultur nachgefragt. In letzter Zeit ist es auch wiederholt die Wirtschaft, die nach flexiblen Lösungen in der Stadt strebt. Pop-up-Stores können einerseits dazu beitragen, Leerstand zu vermeiden, und sind andererseits als temporäre Unternehmen häufig experimentierfreudig – und beleben so die Stadt.

Durch Mehrfachnutzung können auch öffentliche Infrastruktureinrichtungen effizienter genutzt werden, wenn beispielsweise der Sportplatz der Schule am Abend oder am Wochenende öffentlich genutzt werden kann. Durch derlei temporäre Öffnungen kann das Raumangebot in der direkten Nachbarschaft deutlich gesteigert werden – ohne große Kosten und ohne zusätzlichen Platzbedarf.

Erfahrungen in einem großen Maßstab mit temporären Maßnahmen sammelt Wien in Stadtentwicklungsprojekten wie Aspern Seestadt oder Nordbahnhof. Die Entwicklung dieser Gebiete ist auf einen langen Zeitraum angelegt, um Flexibilität zu bewahren. Bei derlei Projekten hat sich die Stadt bewusst dafür entschieden, während des Entwicklungsprozesses Reaktionsfähigkeit zu bewahren. Zwischennutzungsphasen können die Stadtentwicklung dabei unterstützen, optimale Lösungen zu finden und die Pläne auf die Bedürfnisse der Bewohner*innen abzustimmen, wie sie sich in der Realität tatsächlich darstellen. Denn wie schon der römische Politiker Sallust vor zweitausend Jahren festgestellt hat: Ein Plan, den man nicht ändern kann, ist ein schlechter Plan. Natürlich liegen großen Stadtentwicklungsprojekten im Falle Wiens stets durchdachte Masterpläne und klare Konzepte zugrunde, diese Pläne können aber von Ausbauetappe zu Ausbauetappe im Detail nachjustiert werden. Dies gibt der Stadt die Gelegenheit, auch in den Rückspiegel schauen zu können. Sie kann evaluieren, lernen und verändern. Das ist eine spezifische Form der Organisation, in der beispielsweise auch kulturelle Inbesitznahme und kulturelle Inanspruchnahme durch die neuen Bewohner*innen eine eminent entscheidende Rolle einnimmt.

WIENER DIGITALISIERUNG

Selbstverständlich kommt der Digitalisierung in der nachhaltigen zukunftsgewandten Stadt eine wesentliche Rolle zu. Wien hat den Anspruch erhoben, eine digitale Hauptstadt zu werden. Der wienerische Ansatz ist hier ebenfalls, IT und Digitalisierung als ein Mittel zum Zweck zu sehen, als Infrastruktur. Im Vordergrund stehen Begriffe wie Komfortgewinn und Wahlfreiheit. Zahlreiche Anwendungen in der Stadt, vom digitalen 3-D-Modell bis zur digitalen Baueinreichung zeigen, wie Wien diesen Weg sehr erfolgreich geht.

Basis dafür ist ein geschärfter, sozial sensibler Blick auf die Bevölkerung, die in Wien klarerweise sehr heterogen ist. Zu einer vielfältigen Stadtgesellschaft gehören auch Ältere, Ärmere oder weniger Gebildete, die ebenfalls einen umfassenden Zugang zu öffentlichen Leistungen benötigen, aber mit sich rasch wandelnden digitalen Werkzeugen weniger gut zurechtkommen. In Wien sollen sie keinesfalls zurückgelassen werden – bei der Ausgestaltung öffentlicher Leistungen sind die Bedürfnisse aller Bevölkerungsgruppen zu beachten. Die Digitalisierungsstrategie in der Smart City Wien kann sich nicht ausschließlich an den sogenannten »Digital Natives« orientieren.

Dies bedeutet aber keineswegs, dass Gruppen wie Ältere oder Pflegebedürftige nicht von der voranschreitenden Digitalisierung profitieren sollen. Bei genauer

Betrachtung bieten sich nämlich gerade auch für sie große Chancen.

Denn eines ist völlig unstrittig: Menschen, die älter werden, wollen so lange wie möglich in ihrem vertrauten Umfeld, in ihrer Wohnung bleiben. Oft leben sie in dieser Phase ihres Lebens bereits alleine. Früher oder später kommen sie jedoch an den Punkt, an dem die Frage gestellt wird, ob ein Umzug in eine betreute Einrichtung sinnvoll bzw. notwendig ist. Sichtbar wird die mangelnde Eigenversorgungsfähigkeit zum Beispiel, wenn zum wiederholten Male vergessen wurde, die Herdplatte abzuschalten oder auch der Schlüssel draußen stecken geblieben ist. Dies kann direkte, zum Teil folgenschwere Auswirkungen für die betroffenen Personen, aber auch für Nachbarn und die Stadt haben. Die Digitalisierung stellt in diesen Situationen mittlerweile sinnvolle begleitende Systeme bereit – Wiener Pilotprojekte zeugen davon. Inzwischen gibt es umfassende Möglichkeiten, wie digitale Unterstützungen dafür Sorge tragen, dass nicht nur die unbenutzte Herdplatte automatisch ausgeschaltet wird und die Wohnungstür sich personalisiert schlüssellos öffnen und schließen lässt, Sturzsensoren erkennen bereits, ob eine Person zu Boden gefallen ist und können automatisiert Hilfe herbeiholen.

So ermöglicht es in einer sozial gedachten Smart City der Einsatz von digitalen Lösungen, Menschen Monate bis Jahre länger im vertrauten Umfeld zu halten. Dies kann sich immens positiv auf die betroffenen

Personen und ihr soziales Umfeld auswirken, erspart aber auch der öffentlichen Hand hohe Kosten für institutionelle Betreuung – Mittel, die alternativ eingesetzt werden können.

VON BETROFFENEN ZU BETEILIGTEN

Wien verfügt über ein reichhaltiges kulturelles Erbe aus der Kaiserzeit. Lange Zeit gehörte dazu leider auch eine ausgeprägte Obrigkeitshörigkeit vieler Wiener*innen. Diese wurde mittlerweile erfreulicherweise überformt – »Alles für das Volk; nichts durch das Volk« wird von ebendiesem zu Recht nicht mehr akzeptiert.

Daher nutzt die Stadt Wien heutzutage verschiedene Möglichkeiten, die Bewohner*innen in die Entwicklung ihrer Stadt aktiv einzubinden. Dies gelingt am besten, wenn sie bereits in einer ganz frühen Phase eine aktiv mitgestaltende Rolle einnehmen können. Wenn die Bevölkerung erst mit bereits fertiger Planung konfrontiert wird, verkommen Beteiligungsprozesse oft zu einem »Management der Unzufriedenheit«. Wien verfolgt aber den Anspruch, Betroffene zu Beteiligten zu machen. Denn durch frühzeitige Einbindung und Beteiligung besteht die Möglichkeit, co-kreative Prozesse anzustoßen. Am Ende wird eine Planung durch die Einbindung lokaler Expertise jedenfalls qualitätsvoller und alltagstauglicher.

Ein erfolgreiches Beispiel für gelungene Beteiligung in Wien ist der Prozess der Lokalen Agenda 21. Seit zwanzig Jahren wirken Menschen mit ihrem Engagement und ihren Energien in diesem Rahmen auf Ebene der Bezirke mit, um die Stadt besser zu machen, und bringen Jahr für Jahr zahllose Ideen ein. Von der Stadt werden sie dabei in der Umsetzung unterstützt.

Laufend sind auch neue Prozesse der Beteiligung und Mitproduktion von Stadt am Entstehen. Zu nennen ist beispielsweise die Initiative von Wien Energie, die es der Bevölkerung ermöglicht, in Fotovoltaik- oder Windkraftwerke zu investieren und somit partizipativ einen Beitrag zur Energiewende ihrer Stadt zu leisten. Diese Bürger*innen-Kraftwerke sind als eine Möglichkeit, gleichzeitig in den Klimaschutz zu investieren und Geld zu verdienen, äußerst erfolgreich – was sich daran zeigt, dass die verfügbaren Anteile stets in kürzester Zeit ausverkauft sind. Allein das Partizipations-Solarkraftwerk Unterlaa erzeugt Strom für 600 Haushalte und betreibt zusätzlich eine lokale Pumpanlage, die das Wiener Trinkwasser umweltfreundlich in die Stadt leitet. Es liegt nun an der Stadt, zahlreiche weitere Gelegenheiten wie diese für die Involvierung von Menschen zu schaffen.

Neben Co-Finanzierung bieten sich im Bereich der Mitbestimmung neue Möglichkeiten. Einen dieser innovativen Ansätze stellt das Partizipative Klimabudget dar, das gerade entwickelt wird. Aus diesen Mitteln sollen zukünftig zusätzliche Projekte für eine nachhaltige Stadt ermöglicht werden, die sich die Bevölkerung wünscht. So ist beabsichtigt, dass die Bewohner*innen konkrete Projektideen zu Beschattung, Begrünung, aber auch zur Entsiegelung einbringen können. Diese Ideen sollen anschließend unter Zuhilfenahme von städtischen Fachleuten geprüft und sortiert werden, um sie in co-kreativen Prozessen mit der Bevölkerung weiterzuentwickeln. Mittels repräsentativ gewählter Bürger*innen und einem offenstehenden Onlinevoting sollen die Projekte priorisiert und in die Umsetzung gebracht werden. Dies trägt zur Bewusstseinsbildung bei, stärkt das gemeinsame Handeln für eine klimagerechte Stadt, involviert viele verschiedene Bevölkerungsgruppen aktiv in Entscheidungsprozesse und erhöht schlussendlich auch die Akzeptanz von Maßnahmen.

MUT ZUR STADT!

Das Umfeld der Städte ändert sich derzeit massiv. Im Fokus steht die Vermeidung einer Vertiefung von sozialer Ungleichheit durch den fortschreitenden Klimawandel. Es ist entscheidend zur Kenntnis zu nehmen, dass die nachhaltige Stadt, die klimagerechte Stadt nicht in erster Linie eine Öko-Utopie ist. Dieses Bild gilt es zu überwinden. Eine Stadt, die nicht klimaorientiert agiert, die sich mit diesen Fragen nicht aktiv auseinandersetzt, hat den Anspruch aufgegeben, eine soziale

Stadt zu sein. Denn Klimawandel ist keineswegs das größte ökologische Problem, sondern das größte soziale Problem auf dieser Welt. Unser Planet hat schon die verschiedensten Systemzustände überlebt, von vollkommen vergletschert bis glühend heiß. Die entscheidende Frage ist, wie es uns Menschen geht und wie die durch den Klimawandel erzeugten und verstärkten sozialen Herausforderungen gelöst werden können.

Wien hat mit seiner Auslegung des Begriffs Smart City den Menschen, den Klimawandel und den sozialen Aspekt in den Mittelpunkt gerückt. Wien hat damit international ein neues Steuerungsmodell aufgezeigt. Die soziale Innovation wird zur Basis einer forcierten Ressourcenschonung. Dabei setzt die Stadt Wien weder auf plumpe Technologiegläubigkeit noch unterstützt sie technologiefeindliche Tendenzen. In der Steuerung der räumlichen Entwicklung der Stadt kann die Vorstellung und Arbeitsweise des tradierten Stadtbaumeisters im weißen Kittel endgültig ad acta gelegt werden. Gefragt sind klare und umfassende Steuerungsmodelle, die die aktuellen Fragen in ihrer Komplexität und Widersprüchlichkeit adäquat abbilden. Vordringlich muss dabei der Umgang mit der Bevölkerung völlig neu gedacht werden. So wird im Wiener Smart-City-Ansatz eine weiter reichende Stärkung der Governance erzielt, indem ganz gezielt Zivilgesellschaft, Forschung, Wissenschaft und Wirtschaft in die Problemlösung einbezogen werden.

Inhaltlich ist der Kurs für die nachhaltige Stadt klar erkennbar: Nur eine Stadt, die ihre urbanen Kernkompetenzen ausleben kann, wird ökologisch sein. Es bedarf einer kompakten Stadt. Es bedarf einer leistbaren Stadt, sonst ist sie nicht sozial. Für den Wiener Kontext bedeutet das ausreichenden und leistbaren Wohnraum. Es bedarf einer noch sorgfältigeren städtebaulichen Gestaltung. Es bedarf eines Forcierens der regionalen und internationalen Perspektive. Es bedarf eines Ermöglichens vielfältiger Mobilitätsformen. Es bedarf einer Stärkung des Wirtschafts- und Forschungsstandortes.

In Wien wurden in den vergangenen zehn Jahren verschiedenste, vielfach international beachtete Pilotprojekte verwirklicht, gerade auch solche, die Lösungen für die Klimakrise aufzeigen. Nun müssen diese Leuchttürme in den Regelbetrieb übergeführt werden. Das erfordert neben technischen vor allem soziale Innovationen zur Verbesserung von Verfahren und Vorgehensweisen, ein vertieftes Verständnis gesellschaftspolitischer Aspekte. Und natürlich einen neuen Blick auf das Thema Governance: Am Ende geht es darum, mehrheitlich getragene, attraktive Zukunftsbilder zu formulieren, denn nur diese sind verwirklichbar. Das setzt Kooperation voraus: innerhalb der Stadt, regional, national, international; mit anderen staatlichen Ebenen, mit der Wirtschaft, mit der Wissenschaft – und natürlich mit allen Bürger*innen. Die Stadtplanung Wien befindet sich schon seit Langem auf der Reise in die

Zukunft der nachhaltigen Stadt. Die Klimaerhitzung erfordert aber eine neue Dynamik in unseren Aktivitäten. Es wird maßgeblich sein, weiterhin die richtigen Fragen zu stellen, um gemeinsam Antworten zu erarbeiten.

Denn Stadt ist nicht das Problem, Stadt ist die Lösung.

DIE AUTOREN

Thomas Madreiter ist Planungsdirektor und Leiter der für Stadtplanung verantwortlichen Gruppe im Geschäftsbereich Bauten und Technik der Magistratsdirektion der Stadt Wien. Er absolvierte das Studium der Raumplanung und Raumordnung an der Technischen Universität Wien und war anschließend als Assistent am dortigen Institut für Finanzwissenschaft und Infrastrukturpolitik tätig. Danach wechselte er zur Stadt Wien, wo er nach Stationen in der Stadtplanung und im Finanzressort 2005 die Leitung der Stadtentwicklungsabteilung übernahm und 2010 die Abteilung für Energieplanung aufbaute und interimistisch leitete. Seit 2010 koordiniert er die Smart City Wien. Er ist korrespondierendes Mitglied der Deutschen Akademie für Städtebau und Landesplanung.

Clemens Horak studierte Bauingenieurwesen und Volkswirtschaftslehre. Im Magistrat der Stadt Wien ist er seit 2010 als Stadtforscher und Stadtplaner tätig, derzeit am Kompetenzzentrum für übergeordnete Stadtplanung, Smart City Strategie, Partizipation und Gender Planning.

Nils Peters studierte Urbanistik und Raumplanung und ist am Kompetenzzentrum für übergeordnete Stadtplanung, Smart City Strategie, Partizipation, Gender Planning der Stadt Wien tätig.